New
window
新視野105

愛因斯坦如是說

BITE-SIZE EINSTEIN

窺視天才的頭腦，
為你帶來無限能量和勇氣的智慧之書

高寶書版集團

高寶書版集團
gobooks.com.tw

新視野 New Window 105
愛因斯坦如是說：窺視天才的頭腦，為你帶來無限能量和勇氣的智慧之書
BITE-SIZE EINSTEIN

編　　著	傑瑞‧梅爾、約翰‧荷姆斯（Jerry Mayer & John P. Holms）
譯　　者	伍立人
書系主編	蘇芳毓
編　　輯	黃芷琳
企　　劃	林佩蓉
美術編輯	陳思羽
排　　版	趙小芳
出　　版	英屬維京群島商高寶國際有限公司台灣分公司
	Global Group Holdings, Ltd.
地　　址	台北市內湖區洲子街 88 號 3 樓
網　　址	gobooks.com.tw
電　　話	(02) 27992788
電　　郵	readers@gobooks.com.tw（讀者服務部）
	pr@gobooks.com.tw（公關諮詢部）
傳　　真	出版部　(02) 27990909　行銷部 (02) 27993088
郵政劃撥	19394552
戶　　名	英屬維京群島商高寶國際有限公司台灣分公司
發　　行	希代多媒體書版股份有限公司 /Printed in Taiwan
初版日期	2015 年 01 月

Bite-Size Einstein: Quotations on Just About Everything from the
Greatest Mind of the Twentieth Century

Text Copyright © 1996 by Jerry Mayer and John P. Holms

This edition is published by arrangement with St. Martin's Press, LLC.

through Andrew Nurnberg Associates International Limited.

All rights reserved.

國家圖書館出版品預行編目（CIP）資料

愛因斯坦如是說：窺視天才的頭腦，為你帶來無限能
量和勇氣的智慧之書 / 傑瑞．梅爾 (Jerry Mayer), 約
翰．荷姆斯 (John P. Holms) 著；伍立人 譯 . -- 初版 .
-- 臺北市：高寶國際出版：希代多媒體發行 , 2015.01
　面；　公分 . -- (新視野 105)
　譯　自：Bite-size Einstein : quotations on just
about everything from the greatest mind of the
twentieth century

ISBN 978-986-361-021-2(平裝)

1. 愛因斯坦 (Einstein, Albert, 1879-1955)　2. 格言

192.8　　　　　　　　　　　　　　103022522

感謝湯尼與傑洛米的參與，
也謝謝艾爾協助整理，
事實上，他的確也非常幽默風趣。

—— JPH & JM

目錄　contents

　　大約十年前，我曾和愛因斯坦討論過為什麼許多教派的牧師都對相對論大感興趣。愛因斯坦說，就他個人的推斷，對相對論感興趣的神職人員比物理學家還要多。我一臉疑惑地問他該怎麼解釋這個怪象，他微笑著回答：「因為神職人員喜歡研究大自然的定律，而物理學家往往不然。」

　　　　　　　　　　　　　──菲利普・法蘭克[1]，一九四九年

1　Philippe Frank，二十世紀傑出的物理學家，與愛因斯坦有深厚的交情，也是其教職的接棒者，著有《愛因斯坦傳》。

不論去到何處、住在何地
我的相片總如影隨形
置於書桌上，抑或大廳裡
掛在別人的脖子或牆壁

我不解男男女女的怪異行徑
殷切地懇求：「請你簽個名」
他們不允許學者推辭婉拒
堅持要他留下大名

有時候，身邊歡呼四起
我卻百思不解、一臉狐疑
霎時間，我的心智清明
思忖著發瘋的是我還是你

———愛因斯坦

第一章 談自己
On Himself

給姪女的信

我聽艾莎說妳很不開心，因爲妳沒見過我這個伯父，所以讓我把我的長相描述給妳聽聽：臉色蒼白，長髮，還有一點點肚子。此外，他走路的樣子有點彆扭，嘴裡常常叼著一根雪茄──如果身上剛好有的話──，口袋或是手裡總有一支筆。但是他的腿沒有畸形，臉上也沒有長疣，所以還稱得上帥哥──而且他手上沒有毛，那是醜八怪才會長的東西。所以你沒看過我，其實眞的很可惜。

　　　　　　　　　　　　來自妳的伯父愛因斯坦最溫暖的問候

001／我是個實實在在

「孤單的旅人」。

002／我的名氣越大，
　　　想法就越來越蠢，
　　　這是凡人共通的毛病。

一個人的本質和別人對他的看法截然不同，
與別人對他的評價更是天差地別，
但是我們總得幽默以對。

003 / 我只有像驢子一樣的拗脾氣；

不，不只如此，

我還有一個鼻子。

譯注：意指雖固執但並不愚笨。

004／對我而言，

每個細微吱喳聲都像是小號獨奏般響亮。

005 / 昨日被當成偶像來崇拜的，
今日如過街老鼠般遭人唾棄，
明日將被大家遺忘，
而後天又被奉為聖人。

只有一笑置之才能對這一切釋懷，
所以只要我們還活著，
就必須保持幽默感。

006／我離群獨居，

年輕時覺得痛苦難熬，

但隨著年紀增長，

越來越能體會其中甘美。

007 / 人生來就是孤獨的，
無論住在柏林或瑞士，
都沒有什麼差別。

008／對年老體衰的人來說，
死亡就像是解脫。

隨著年紀越來越大，
我對這一點體會格外深切，
死亡就像是一筆欠了很久的債，
該還的總是得還。

009／我並沒有那麼聰明，

我只不過花更長的時間對付問題。

010／我沒有什麼天賦異稟，
　　　我只是懷抱熱情、處處好奇。

011 / 凡是關於偶像崇拜，
或者英雄狂熱的一切都令我頭痛。

012／關於相對論的原則，
我舉個例子讓讀者笑一笑：
今天，德國的媒體稱我爲「德國學者」，
英國稱我爲「瑞士籍猶太人」。

但如果我被大家視爲眼中釘，
那麼我恐怕就會被德國描述爲「瑞士籍猶太人」，
被英國稱爲「德國學者」。

013 / 在漫長的人生中，

我受到各方人士的肯定，

遠超過我所應得的讚許。

我得坦承，

問心有愧的感覺總是大於喜悅。

014／我的強項與最獨到的能力，
　　　就是洞悉因果和可能性，
　　　並和其他人的研究發現作連結。

　　　我很善於從大方向思考問題，
　　　卻不善於數學計算。

　　　我往往都是心不甘情不願、硬著頭皮地做這件事，
　　　其他人在這些細節上的研究比我厲害多了。

015／需身著領帶、袖扣的場合，

對我來說已經是很遙遠的事了。

016／爲了推動研發原子彈，我只做過一件事：
我寫了一封信給羅斯福總統，
強調進行大規模實驗，
好探索製造原子彈的可能性。

由於德國正在從事同樣的研究，
一想到他們有可能成功，
我就不得不走這一步棋。

017 / 我從來不曾完全地屬於特定的國家、政府，

或是朋友團體，

甚至我本身的家庭。

對於這些牽絆，

我始終感到伴隨著些許的疏離。

因此，

回歸自我的想法便與日俱增。

018／我有很多好的想法，
　　其他人也一樣。

　　只不過我比較幸運，
　　因為我的想法被採納了。

019 / 我是個猶太聖徒。

020／ 我人生中犯過最大的錯誤，
就是寫信給羅斯福總統，
建議製做原子彈。

不過我那時的確在考量——
我怕德國會搶先一步，
那可就危險了！

021 / 唯一避免被讚美沖昏頭，
且遠離墮落沉淪的方法，
就是繼續工作。

人難免會受到誘惑，
停下來享受這些美言，
唯一避開的方式即是轉過身繼續工作。

除了工作，
別無他法。

022／謝謝你們把我說得這麼了不起。

如果我信以為真，

那麼我一定沒辦法保持理智。

而我現在頭腦還很清醒，

所以我一句也不信。

譯注：此篇發表於他的致敬餐會。

023/因為我從來不指望別人給我什麼，
所以我快樂。

我不在乎金錢，
獎章、頭銜、名聲等，
這些於我如浮雲；
我並不渴望讚美。

除了我的研究、小提琴、帆船以外，
唯一讓我心滿意足的就是夥伴的感謝。

024／人人對我逢迎拍馬，

只要我不壞了他們的好事。

第二章　談生命
On Life

$$\vec{a} = \text{grad}(A) = (F_x{}'(A), F'_y(A), F_z'(A))$$

$$\Delta A = \left| \frac{\partial^2 F}{\partial x^2}(A), \frac{\partial^2 f}{\partial x \partial y}(A) \right|$$

$$C = \begin{vmatrix} 0, 1 \\ 1, 0 \end{vmatrix} \left| \frac{\partial^2 F}{\partial y \partial x}, \frac{\partial F}{\partial y^2}(A) \right|$$

$$\int_a^{x+2} xy \, dy \Big| dx \quad \frac{2x}{x^2 + 2y^2} = 2 \sum_{x=0}^{n} (\beta_x \cdot y - y_x)$$

$$\frac{\partial f}{\partial x}(A) = K$$

$$\Delta(A_z) = \begin{vmatrix} 0 & 2\sqrt{2} \\ 2\sqrt{2} & 0 \end{vmatrix}$$

$$x^2 + y^2 + a^2 = 16$$

$$e^2 - xyz = e \; ; A[0, e, 1]$$

$$\left(\frac{\partial u}{\partial x}, \frac{\partial v}{\partial y} \right) = (U, V) \quad A = [1, 0, 3]$$

$$f_{(x)} \geq 0 \qquad \delta(f, P, V) = \|D\| =$$

$$\frac{x^2}{16} - \frac{y^2}{9} = 1 \qquad X \in \mathbb{R}$$

$$x \equiv 1 \\ y \equiv 1 \Big\} \in M^0$$

$$\int R\left(x, \sqrt[5]{\frac{ax+b}{cx+d}}\right) dx$$

$$\frac{x^2}{16} + \frac{y^2}{8} = 1$$

025／人生總有風風雨雨，

如此才顯得生命之奇特——

意識清明時，

我常常發現自己就像隻把頭埋在沙堆裡的鴕鳥，

不願面對危險。

每個人為自己建構一個小天地，

這個小天地和瞬息萬變的真實世界相較之下，

顯得悲涼而渺小，

但是，

身處其中的人卻奇蹟似地覺得自己偉大而重要，

宛如鼴鼠躲在自己挖的洞穴中一般。

026 / 我研究科學的動力來自內心不可抗拒的渴望，
與期盼了解大自然的奧祕；
除此之外，
並沒有其他的原因。

我對於公義的熱愛、改善人類處境的責任感，
都和我對科學的興趣沒有關係。

027／海洋巨大浩瀚得難以言述，
尤其是在陽光灑落下的那一刻。

看到這樣的景色，
人們會感覺彷彿融入其中，
和大自然合而為一，
進而體悟到個人的微不足道，
喜悅感因此油然而生。

028／何必貶低自己？

  他人自會在必要時對你這麼做的。

029 / 很抱歉，

我無法答應你的要求，

因為我樂於身處暗地，

不願被人分析。

（一位心理學家希望愛因斯坦接受他的心理分析，

愛因斯坦對於此事如此回應。）

030 / 人生下來就像落在水牛群中，
　　　沒有馬上被踩死，
　　　心裡就該偷笑了。

031／人眞正的價值主要取決於，

使自我獲得解放的方法和體悟。

032／有兩件事情最令我感動、敬畏──
　　繁星點點的蒼穹，
　　以及包羅其中的精神世界。

033 / 我們應該要小心謹慎，
別把智者當成神。

當然，
智者的力量強大，
卻也因此不易看透他們的個性。

034 / 不必深切地反思，

一個人也能從日常生活中發現，

人是爲了彼此而存在的。

035 / 我每天都要不斷地提醒自己，

我們內在和外在的生活都得仰賴他人的努力。

036／唯有爲他人而活的生命，
　　　才是有價值的生命。

037／有時候，

人們爲了不花費任何金錢心力而得到的東西，

反而得爲此付出巨大的代價。

如果我的人生可以重來一遍，

我會選擇當個水管工。

038／常識就是人在十八歲之前，
所累積的各種偏見。

039／陷入情網絕對不是人們最愚蠢的行徑——
但是這不能怪罪於地心引力。

040 / 我從不想未來──

因為它很快就來臨了。

041／我不明白是什麼驅使人們要命、嚴肅地看待工作。

是為了誰努力？

為了自己嗎？

——但畢竟人很快就會離開這世界。

為了這個世代的人們？

為了後代？

不是！

這仍然是個謎。

042／永遠不要失去那份神聖的好奇心。

043／交一些動物朋友吧！

如此一來，

你會重新獲得喜悅，

那麼也就沒有什麼事能困擾你。

044／官僚制度是扼殺

　　　　一切成就的殺手。

045／「給別人公正、睿智的忠告很簡單，

但是對自己公正、睿智的做人處世卻很不容易。」

──這句話說得眞有道理。

046／我當初該選擇一份務實點的工作，
但我實在是受不了。

047 / 要讓生活有意義，
唯有透過努力工作。

畢竟我們的目標終究是虛幻的肥皂泡泡，
我們都是兩足動物，
都只是猿猴演化而來的後代而已。

048／沒有醫生的幫忙，
　　　我也可以死。

049／義大利北部的人，

　　　是我所接觸過最文明的人類。

050 / 在我的「相對論」中，

我可以在空間的每一個點放置一個時鐘。

但是現實生活裡，

就連在我的房間擺一個時鐘，

我都覺得很困難。

051／數學就交給我的妻子算。

052／一個國家越腐敗，
　　　　就越艱苦。

053 / 我很慶幸妻子完全不懂科學，
我的第一任妻子就懂。

054／唯有在出生時與臨終之前，

我們才能誠實地表現自我。

055 / 就連最親密的家庭關係，
最後也難免淪為習以為常的友情，
這實在是很有趣的現象。

我們內心深處已經不再了解彼此，
無法設身處地主動為彼此著想，
也不知道對方心裡的感受。

056／我已認識一切人類關係間的浮動不定，
　　　並學習把自己和人情冷暖區隔開來，
　　　這樣才能確保人際關係的平衡。

057 / 我對自然有幾分了解，
但對人類卻一竅不通。

058／上帝從來不會事先告訴我們，
　　眼前的道路是否正確。

059／每個人三不五時都得來到愚昧殿堂前作獻祭，

一來取悅神明，

二來娛樂人類。

060／好奇心自有它存在的意義。
當人們思索著宇宙、生命的亙古之謎，
以及現實生活中令人驚嘆的奧祕時，
自然而然會滿心敬畏。

我們每天只要稍稍花一些時間去了解其中奧祕，
就受用不盡了。

061 / 我母親的性情基本上很溫和，
但卻是個十足的魔鬼丈母娘。

只要她和我們在一塊兒，
生活中就充滿火藥味。

062 / 人好比海洋：

有時候風平浪靜、舒適溫和，

有時候狂風暴雨、凶猛暴戾。

但是我們絕對不要忘了，

人主要也是由水所構成的。

063 / 坎坷不幸的遭遇，

對於提升人性的助益絕非成功所能比擬。

064 / 結局遲早會到來：

什麼時候重要嗎？

065/物理學家都有一點瘋癲，

不是嗎？

但這就好像賽馬一樣：

只要有人輸，

就有人贏。

066 / 我不介意你是女孩，
但重點是你自己也不能介意。

完全沒有必要去介意。

067／可惜，

個人主義和競爭心態比熱心公益和責任感更有力。

068 ╱ 生物形成的過程，

　　　　無法用數學公式呈現出來。

069／沉迷於異性的吸引力既愉悅又不可或缺，

但是這絕對不能變成生活的重心，

否則就失去了做人的意義。

070 / 女孩子的靈魂眞是難以理解！

儘管你認爲這個男人獨一無二，

儘管你愛他愛得死去活來，

但難道你眞的相信，

可以從別人身上找到永恆的快樂嗎？

我個人對這種動物還算了解，

因爲我也算其中之一。

根據我個人的經驗，

我建議各位女士別對男人懷抱太高的期待，

這一點我很確定。

071／婚姻的目的是企圖把一段姻緣無限延續，

但這往往是白費心機。

072／女人在家裡時，
　　　總是被家具所束縛；
　　　她們整天圍繞著家具打轉，
　　　把自己搞得手忙腳亂。

　　　但是當我和女人一起旅行的時候，
　　　我就成了她身邊唯一的家具；
　　　她一天到晚無法自拔地黏著我，
　　　且一心想把我變得盡善盡美。

第三章　談哲學
On Philosophy

073／講求完美的手段卻沒有清楚的目標，

在我看來，

是這一個世代的寫照。

074／要成爲羊群中的佼佼者，

你就必須先成爲一隻羊。

075 / 改變鈽[2] 元素的性質，

比改變人邪惡的內在簡單多了。

---

2 一種人造放射性金屬元素，僅微量存在於鈾礦中，可作爲核子反應爐的燃料，並製造核子武器。

076 / 我們讚揚科技的日新月異，

以及偉大的文明發展，

但它其實宛如變態罪犯手中的大斧朝我們揮來。

077／地球存在了超過十億年，

至於何時會結束，

我會建議大家：

等著瞧！

078／信仰是很好的動力來源，

　　　　但是它的標準很糟糕。

079／身為人類，
　　　上天賦予我們足夠的智慧去了解，
　　　當我們在面對世上的各種存在時，
　　　看清自己多麼渺小、無知。

080/ 我們最好還是得尋求永恆至上的力量，

因為唯有透過這種連結，

我們的靈性才得以提升，

人與人之間才會重新獲得祥和、平安。

081／大自然的共通原則較能呈現更高層次的眞實世界，
　　單一的人事物就缺乏這種功能。

082 / 客觀地來看，

人類竭盡所能挖掘出來的真相微乎其微，

但是這些努力帶領我們從自我的束縛中獲得解脫，

讓我們更加貼近偉大的人物。

083／就算我們沒發現核子的連鎖反應也無所謂，
　　　光靠火柴就足以讓人類自取滅亡了。

084／有句德國諺語一直讓我謹記在心：

每個人都會用自己的鞋子去丈量東西。

085 ╱ 我們生在這個充滿無限奧祕的世界上，
　　　永遠都像個好奇的孩童。

086/ 把自己和同胞的生命視為沒有意義的人，
　　　不但無法獲得快樂，
　　　也不適合活在這世界上。

087／人類老化的速度，

比我們所居住的這星球快多了。

088／能親自用眼睛觀察，

並用心體會的人寥寥無幾。

089／從觀察、理解中所獲得的樂趣，
　　是上天賜給人類最美的禮物。

090 / 誰膽敢自許爲眞理與知識的仲裁者，

勢必會笑掉神明的大牙。

091 / 我想了解上帝的意圖……

其他枝微末節的都不重要。

092／不改變製造問題的思維模式，
　　　就無法從根本解決問題。

093／偉大的靈魂從古至今，

　　　　皆不斷遭到平庸心智的極端反對。

094 / 我們所能經歷最美的事物就是不解之謎，
這是所有真實藝術和科學的泉源。

095 / 只有兩件事情是無限的：

宇宙和人類的愚昧；

不過我對於前者其實不太確定。

096 / 想像力比知識更重要。

知識有限，

想像力卻包圍著整個世界。

097 / 令我動容、歌詠生命喜悅的，
往往是良善、美好與眞理。

我從來不曾把生活的安逸或快樂當成目標；
建立在物質基礎上的道德體系，
只對牛群才具有約束的效力。

098 / 人類總試圖用最適合自己的方式，

為自己勾勒出一幅清晰明瞭、簡單易懂的世界圖像；

接著他們用自己部分的理解去詮釋真實的經驗，

並進一步征服世界。

畫家、詩人、哲學家和自然科學家，

都各自用自己的方式在做這件事。

他們的個人經驗如漩渦般狹隘，

唯有將所設想的世界結構當成情感生活的重心，

才能藉此找到心靈的平靜與安全感。

099／人類的命運決定在人類自己手裡。

100 / 身為人類，
我們不能對人性感到絕望。

101／我質疑「我們」這個字眼的意義，
原因如下：
沒有任何人可以說「他」就是「我」。

儘管人人說好，
背後難免混沌失序；
表面一片和諧，
暗地裡卻潛藏危機。

102 / 哲學就像是生育、餵養其他科學的母親，

因此我們不該鄙視她的赤裸與貧乏，

反而應該期待哲學中唐吉訶德般的理想主義，

延續在她的孩子身上，

以免其他科學也淪落得俗不可耐。

103 / 我們在地球上的處境只能說是怪異。

104 / 從哲學的角度而言，
我認為並沒有什麼確切的猶太人觀點。

105 / 我不是先知，

無法預見原子能對人類長期而言，

會有什麼偉大的助益，

但是以目前的情勢而言，

我必須斷言它是個威脅。

或許這樣也好，

人類處於威脅之下，

就會試圖建立國際秩序；

如果沒有恐懼的壓力，

國與國之間絕對不可能好好對話。

106 / 要爲「科學眞理」下個精確的定義，
已經夠令人傷腦筋了，
「宗教眞理」這個詞彙對我而言，
更是說了跟沒說一樣。

107／無所為地追尋知識，

近乎狂熱地熱愛正義，

對個人獨立性的渴望──

這三項都是傳統猶太人的特質，

我滿心感激地慶幸自己身為這民族的一員。

108/ 人生中最美好的經驗就是那些無解的神祕，
它挑動著人類的情感，
是所有真實藝術與科學發展的基礎。

不了解這些神祕之美的人就無法產生好奇心，
無法感動、讚嘆，
跟行屍走肉或是吹熄的蠟燭沒兩樣。

109／思想本身就是一種獨立的存在，
　　　就跟音樂一般。

110/蝴蝶不是鼴鼠，

但是任何一隻蝴蝶都不該為此感到遺憾。

111 / 我們追尋得越深入，

越發現知識的浩瀚無窮，

而且我相信只要人類存在一天，

這個情況就會一直持續下去。

112／我相信四海之內皆兄弟，

也相信每個人都是獨一無二的個體。

但是如果你要我證明自己的信念，

我辦不到。

你知道自己的信念是正確的，

但是你可能花上一輩子也無法證明什麼。

人生到了某個階段時，

心智可能會超脫所學所知，

但是我們卻無法解釋這是怎麼發生的。

所有偉大的發現都牽涉這樣的超脫過程。

113 / 每個人都有自己的世界觀，

也都有權利聲稱自己的理論是對的。

第四章　談政治
On Politics

114／政治領袖與政府的權力地位部分來自武力，
部分來自公民選舉。

不論從道德或是智力的面向來看，
他們都不足以被視為該國最優秀的代表。

115 / 在文明社會中，

我們常常與最下等的敵人妥協：

這種屈服是一種罪孽，

有違人民利益——

但是在政治上卻稀鬆平常。

116 / 在這民主政治的時代，

每個人一定要時時自我警惕：

國家的命運掌握在人民自己的手中。

117／政府的威信無疑因為禁酒法而重挫，
　　因沒有什麼比通過無法有效執行的法律，
　　更容易傷害政府和地方法律的尊嚴。

　　我們國家的犯罪率節節上升，
　　都與禁酒法息息相關，
　　這早就是公開的祕密。

118 / 在我的觀念中，

政治力不該介入科學研究，

要個人為他們所屬的國家政府負責也是不對的。

119 / 建立國際秩序最大的障礙，

就是過度強調的民族主義，

它還有個冠冕堂皇、卻往往被濫用的美名，

也就是愛國主義。

120／我認為國家最大的責任就是保護每個國民，
好讓他有機會成為具創造力的個體。

121/我的政治理想
　　　就是民主。

122／政治就是擺盪在無政府與極權專制之間的鐘擺，
並不時地受到新生的幻影所激盪。

123 / 壓迫人民的獨裁體制很快就會腐化墮落，
因為暴力只會吸引品格低劣的人。

124／我先把我的政治信仰從實招來：

國家是為了人民而存在，

這因果不能搞反了。

125 / 我們要重視聰明而愛國的婦女同胞。

要記住，

當初偉大的羅馬帝國，

也曾經因為忠誠的嘰嘰喳喳的婦女而免於滅亡。

126 / 被領導的人民不該受到壓迫，
他們必須能夠自己選擇領導者。

我相信即使是天才的暴君，
也一定會被草民推翻，
這是千古不變的定律。

127／雖然我堅信民主主義，
　　但是我也清楚知道，
　　要是沒有少數具有社會意識，
　　且正直良善的男男女女為了信仰犧牲小我，
　　人類社會勢必會停滯不前，
　　甚至敗壞腐化。

128／寬容不代表對他人的行為和感受漠不關心。

諒解和同理心都是必要，

但是最重要的一種寬容，

是社會和國家對個人的寬容。

129／只要我還可以選擇，
我就會待在政治自由、民主寬容，
且法律之前人人平等的國家。

130／如何把權力賦與賢能且有德之士，
至今仍是個沒有定論的老問題。

131／任何政府在某種程度上一定都是邪惡的。

132 / 只有自由的個體

才能發現新事物。

133 / 我們不該老是誤把矛頭指向資本主義，
把所有現存的社會、政治問題都歸罪於它。

134／政府儼然已成為一種新時代的偶像，
沒有幾個人能擺脫它暗示性的力量。

¹³⁵／我們必須克服國與國之間的重重障礙。

136／在健全的國家中，

民之所願與政府之間應該保持一種動態的平衡，

如此才能避免社會衰敗，

並且防止政府墮落，

漸趨極權。

137 / 整體而言，
我相信當今所有政治人物中，
以甘地的理念最高尚偉大。

138 / 反猶太主義，

是少數自私自利的人用來欺騙大眾的手法，

下流至極。

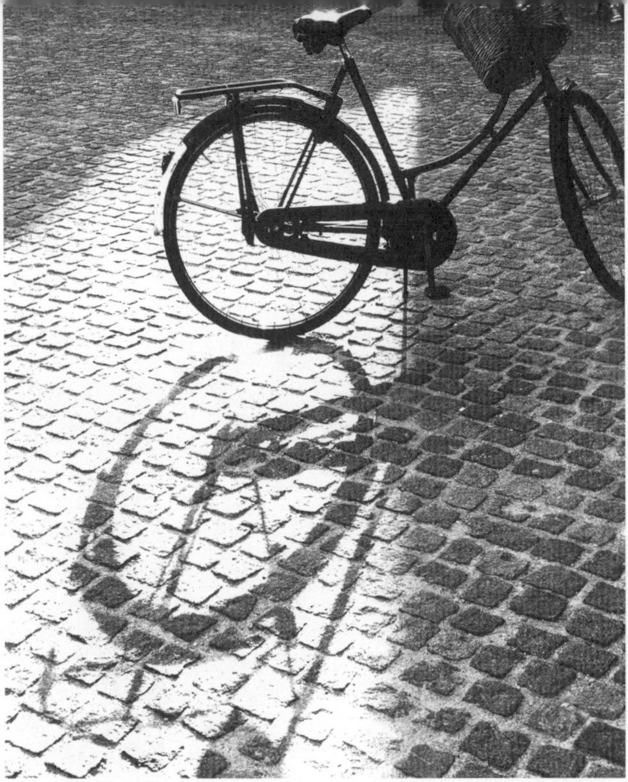

139／我的理想是，

透過仲裁解決所有國際間的爭端。

140／民族主義是一種原始的疾病，
它是人類的汙點。

第五章　談宗教
On Religion

141／我不相信上帝真有其人，
我從來沒有否認過這一點，
甚至公開地表明我的看法。

如果我心裡有一絲一毫接近宗教信仰的情感，
那麼大概就是對於這世界結構無盡地讚嘆，
以及對當今科學所揭露的奧祕感到拜服。

142 / 宗教信仰有一個核心概念：

這有形有體的世界總存在著某些理性的秩序，
可以分析理解。

我想不到哪個真正的科學家不具備這種堅定的信仰。

143 / 上帝難以捉摸，

好在祂不懷惡意。

144 / 當今的宗教界與科學界最大的衝突，

就在於上帝是否爲有形有體的存在。

145 / 我們的內在經驗是由感官印象再製、組合而成，
因此，

沒有軀體的靈魂概念似乎顯得空泛而沒有意義。

146 / 人類虧欠佛陀、摩西、耶穌的可多了，

我認為他們對人類的貢獻，

遠超過那些實事求是、建構理論的科學家。

147／人類的靈性演化得越進步，
我越確信通往真正宗教信仰的道路，
並非對於生命、死亡的恐懼，
也絕非盲目的信念，
而在於對理性知識的追尋。

因此我認為，
如果牧師想要盡到教育大眾的重責大任，
他就必須是一位好導師。

148／上帝不會跟宇宙玩骰子。

149 / 沒有宗教的科學不足以取信，

　　沒有科學的宗教則是盲目的。

150 / 猶太人是由血緣和傳統所結合而成的社群，

他們並非只有共同宗教而已：

我們從世界上其他人對他們的態度就足以窺知這一點。

151／信仰與深摯的情感有密切的關聯，

高尚的心靈會在眞實世界中自然流露，

這就是我對上帝的概念。

152 / 如果我們去除猶太教裡的先知觀，
如果我們重振耶穌基督所教導的基督教，
並屏除後來神職人員的加油添醋。

就會發現這些純淨的教義，
足以治療人類的各種社會疾病。

153／如果我不是猶太人，

　　我將是個貴格會的基督徒。

154 / 人們都隨著看不見的風笛手起舞。

155/ 我感覺自己和世人同舟共濟，
因此對我而言，
生命的開始和結束輕如浮雲。

156 / 我真的不清楚自己對宗教的感情，
　　　但我總是很確切地知道自己該做什麼，
　　　這樣我就心滿意足了。

157／在上帝面前，

　　　我們一樣聰明，

　　　──也一樣愚蠢。

158/ 我無法接受上帝的概念建立在對於生死的恐懼，
或是盲目的信仰之上。

我不能向你證明沒有具象的上帝，
但是如果哪天我滿口上帝，
我一定是在胡謅。

第六章 談科學
On Science

159 / 儘管數學簡單完善，

　　大自然卻老是把我們搞得暈頭轉向。

160／如果問題容易解決，

上帝就會回答你。

161／這世界最令人不解的地方，
　　　就在於它是可以分析理解的。

162/最重要的，

就是不能停止質疑。

163 ／一旦把數學定律應用在現實生活中，

這些定律就行不通了；

只有在非現實的環境中，

這些數學定律才成立。

164/ 數學之所以比其他科學更受推崇，

是因為數學定律毋庸置疑、沒什麼好辯的；

而其他科學就某種程度上而言，

難免引人爭議，

而且隨時可能被新發現所推翻。

165／物理學家追尋什麼：

以一個最簡單的思考模式整合所有肉眼觀察到的現象。

166／那些不求突破、畫地自限且避重就輕的科學家，

是我最受不了的人。

167／如果科學不是賴以為生的工作，
那麼它必定奇妙美好。

除非我們不必向任何人交代什麼，
才能在研究科學中找到樂趣。

168／研究重力讓我變成一個堅信理性主義的人，

換句話說，

我相信透過單純的數學可以找尋唯一可靠的真理。

169／我們越努力找尋量子，

量子就越讓人找不到。

170 / 自從有數學家攻擊相對論之後，
就連我自己也不太了解它了。

171／我們不需要嫉妒理論科學家，
因爲大自然或是諸多精確的實驗會不留情面，
且客觀冷靜地檢視這些理論。

他們不會獲得絕對肯定，
頂多差強人意地得到一句「也許吧」，
但絕大多數都是直接遭到否決。

如果實驗結果和理論一致，
那麼科學家等於得到一句「也許吧」；
如果不一致，就表示肯定是錯的。

也許每一個理論都會有遭到否決的一天，
——大多數的理論自古多薄命。

172／知識有兩種形態。

一種是沒有生命的知識，
它記錄在書本裡；
另一種則是活生生地存在於人類知覺中。

第二種無疑是最重要的，
儘管第一種知識也不可或缺，
但是僅僅處於次要的地位。

173／感謝上帝，

我現在、以後都不需要參與那些大腦的競賽。

對我而言，

和別人比較腦力高下是一種糟糕至極的奴役，

和追求金權、權力一樣邪惡。

174／肉體和靈魂並非兩個截然不同的東西，
而是接收、處理事物的兩種不同管道。

同樣的，
物理學和心理學，
都企圖透過有系統的思考模式來連結我們的經驗，
只是方法不同而已。

175 / 事情應該盡可能地簡單明瞭，
但是不能粗枝大葉。

凝望星空，
從中學習，
它們的運行是造物主的榮光，
靜謐無聲，
各循其道，
永遠墨守牛頓所發現的定律。

176 / 把手放在熱爐上一分鐘，
彷彿像過了一小時那麼久；
和美女坐在一起一小時，
卻覺得只過了一分鐘。

這就是相對論。

177/當我們停止以個人的欲望觀看這世界，
不再一味地對它予取予求。

當我們敞開心胸，
自然而然地讚嘆、探索、觀察它時，
我們才進入了藝術和科學的領域。

178／牛頓、法拉第、馬克士威把物理學帶入了嶄新的境界：

或許也有人認為，

相對論將終結馬克士威和洛倫茲的偉大成就，

因為它超越物理學的範疇，

企圖解釋世上的各種現象，

包括地心引力。

179／過去、現在、未來的差別只是個幻影，

然而這幻影一直都在。

180／科學不過就是把每天的想法

精確地整合起來。

181 / 我不太會和人相處，
也不是把家庭擺第一的人。

我需要屬於自己的寧靜，
我想知道上帝如何創造這個世界。

我對個別的單一現象沒什麼興趣，
我想知道的是上帝的想法，
其他細節可有可無。

182／當我沒有什麼特別需要煩惱的問題時，
我喜歡重新推敲，
去證明那些我老早就知道的數學和物理法則。

這不是為了什麼目的，
我只是單純藉此機會享受思考的樂趣罷了。

183／如果你想知道理論物理學家採用什麼方法做研究，

我奉勸你堅守一個原則就好：

不要管他們說什麼，

專注地看他們怎麼做。

184／只有偏執狂才會將平時僅供參考的事，
　　　當作絕對的結果。

185／不是數學家的人，

聽到「四維（four-dimensional）」的概念，

都覺得撲朔迷離，

彷彿是聽到神祕的宗教儀式一般，

感到不寒而慄。

然而說穿了，

我們所住的世界就是個四維的時空連續體。

186/或許有一天我們可能會比現在了解更多。

但是對於萬物的本質，
我們永遠不可能參透，
永遠不會。

187/對權威不加思索地崇拜是眞理最大的敵人。

188 / 別人要怎麼批判我的相對論都可以，
　　　但唯一不能說它是神祕主義。

189/ 空間不只是事件的背景，

　　　它還是獨立存在的架構。

190／甲蟲盲目地在地球儀表面爬行時，

牠不會注意到自己走過的足跡是條弧線。

我很幸運地發現了這一點。

191／我想要利用下半輩子，

好好想想光是什麼。

192 / 我們什麼也不懂，

我們一切的知識就如同小學生一般。

$^{193}\!\big/$如果把數學計算公式撇開不談，

所有的物理理論都應該要簡單易懂，

簡單到「連小朋友都可以了解」。

194 / 以往大家都相信，

一旦具體的東西從宇宙消失了，

就只會剩下時間和空間。

然而，

從相對論的觀點來看，

時間和空間也會一起隨之消逝。

195 / 我很迫切地想讓大家知道，

理論的生成並非天馬行空的想像，

它的創造完全是爲了企圖讓物理理論，

盡可能適用於我們肉眼所能觀察到的事物。

它並沒有什麼革命性的論調，

而是把幾世紀以來的理論自然地串構起來。

我捨棄了以往被視爲理論基礎的時空、運動概念，

這並非我一意孤行，

而是根據所看到的事實。

196 / 用爆破撞擊的方法來分裂原子，
就好像在小鳥寥寥無幾的地方摸黑射擊一樣。

197／保有好奇心是科學家的責任。

第七章　談社會議題
On Social Matters

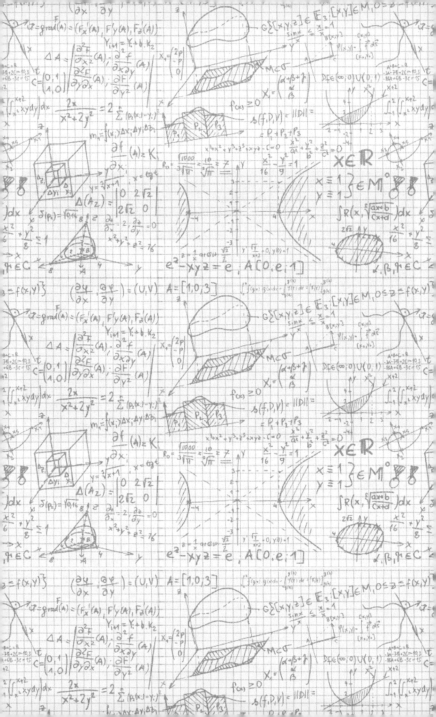

198／人都是一樣的。

199／你問我對於戰爭和死刑的看法如何，
後者比較容易回答。

我反對，
只因爲我對人沒有信心；
換句話說，
我不相信執法者。

200 / 有些人只閱讀報紙，
頂多再翻翻當代作家的書；
在我看來，
這種人就像瞧不起眼鏡的大近視。

他的心中滿是偏見，
眼裡盡是當代的風貌，
因爲他沒機會看看別的景象，
聽聽別的聲音。

201/ 因為有了痛苦的經驗，

我們才了解到，

理性思考不足以解決社交生活所面臨的問題。

202／因為同胞的努力工作，
　　　我們才能成長茁壯、衣食無缺，
　　　所以我們也該誠實地付出、回饋社會；
　　　但是我們不能一味選擇自我滿足的工作，
　　　而應該選擇對普羅大眾有益的工作。

　　　否則，
　　　不論自己的欲望多麼節制，
　　　我們都不過是社會的寄生蟲。

203 / 實行徵兵制，

在我看來，

是白種人道德淪喪的主要原因。

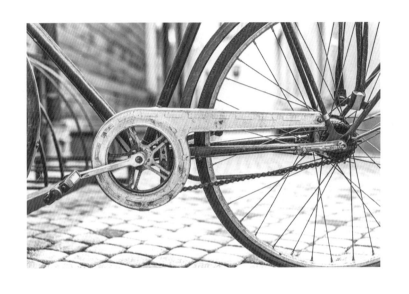

204／維護心靈純淨的人一定也得照顧好身體，

因為身心是一體的。

205 / 每天早上，

看到《紐約時報》為我們選定的新聞議題就覺得噁心。

但我總是隨即想到我們差點擺不平的希特勒，

心裡就覺得新聞再怎麼糟，

也比獨裁主義好。

206／ 我來普林斯頓大學是做研究的，
不是教學。

人們受的教育已經太多了，
這現象在美國學校尤其顯著。

最明智的教育方式就是以身作則，
——如果一個人無法以身作則，
就是教育不良的警訊。

207 / 一般而言，

對於在學習以及追求眞理、美感的路途上，

我們可以一輩子懷抱赤子之心。

208 / 理論物理學家面對自然萬物時是多麼地無知可悲，
——面對他們的學生時也是如此。

209／最有效的學習方式，
　　　莫過於親身體驗。

210／我個人認為，
探究別人的隱私是下流、不當的行為。

如果報紙少報導些雞毛蒜皮，
多關心真正重要的大事，
這世界絕對會更美好。

211/德國學者拿我下注，

把我當成金雞母，

但我連自己是不是會下蛋都不知道。

212／好的笑話不該一說再說。

213/你們應該找一個非常沉靜、不會打擾別人思考的人。

（有人請教他，普林斯頓高等研究院的院長該具備
怎樣的人格特質。）

／培養獨立思考、判斷的能力比什麼都來得重要，
其次才是吸收特殊知識。

215 / 言詞從古至今都是空洞的聲音，

而毀滅之路一向伴隨著理想遠大的浮誇之詞。

但是人格與耳聽、口述的話語無關，

而是由努力與行動建構而成。

因此，

教育最重要的方法就是鼓勵學生實際操作、表現。

216／我認為，

學校教育最糟糕的一點，

就是利用恐懼、威嚇、虛構的權威逼迫學生。

唯有卸下老師的威權、盡可能減少使用高壓手段，

學生才能發自內心地尊敬老師的人格特質與智慧。

217／學校一向是承襲傳統最重要的組織，
這句話現在聽起來，
比從前更貼切。

由於現代社會經濟發展迅速，
家庭的教育、傳承功能大不如前，
延續人類社稷香火的責任就落到了學校上，
這趨勢越來越明顯。

218 / 學校教育該著重文科還是理科？

我的答案是：

這些都是次要。

如果一個人從小就把體育和走路學好，

受過肌力和體能的訓練，

那麼日後各種體能項目都難不倒他。

同樣的道理也可以應用在心智的訓練上，

有了健全的心智，

自然會具備健全的心理和操作技巧。

219／教育學生必須要讓他們了解，
　　知識是珍貴的禮物，
　　而非硬邦邦的責任。

220 / 老師的最高藝術是喚醒學生的喜樂，
讓大家樂於表達創意、探索知識。

221 / 學校教不出智慧，

它得透過一生努力不懈地追求才能獲得。

222／在學校，

歷史課程應該被視爲詮釋人類文明演進的方式，

而非反覆灌輸學生帝國主義的光榮權威和軍事成就。

最後，

地理課程同樣也有不可忽視的重要性——

激發我們對於不同民族的諒解和同情心，

我們也必須諒解，

那些被列爲「原始」或「落後」的民族。

223 / 人光有專長是不夠的。

有了專長，
他或許可以變成一具有用機器，
卻沒有均衡發展的人格。

我們必須讓學生理解各種價值觀，
並從中獲得深刻的感動，
且眞切地體會美感與道德的良善。

否則，
儘管具備了專業知識，
他也不過像一隻訓練有素的狗，
而不是和諧發展的人。

224／我以前從來沒想過，

不經意說出的每一句話都會被檢視、節錄；

早知如此，

我就躲進我的殼裡不出來了。

225 / 凡夫俗子對我過分崇拜，
以爲我的成就有多麼了不起。

這並非我的錯，
而是因爲負責撰寫科普文章的作家，
尤其是文筆極盡聳動的媒體記者，
對我吹捧過了頭。

226／人類既是獨立的個體，
同時也是社會性的生物。

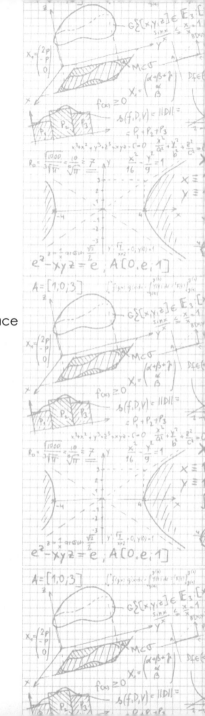

第八章　談戰爭與和平
On War and Peace

227／和平主義若不會積極對抗國家發展軍武，
一定起不了什麼作用。

228／弱勢族群唯一的防衛，
　　　就是被動消極地抵抗。

229／儘管我堅信和平主義，

但我還是相信在某些情況下，

武力是必要的——

那就是當敵人無緣無故，

下定決心要摧毀我和同胞的時候。

230 / 你問我，

得知波茨坦市的警察闖進我的夏天別館，

搜查是否有藏匿武器時，

我心裡作何感想：

納粹警察還能做出什麼好事？

231 / 有時候，

暴力或許可以很快地排除障礙，

但它從來都不是有創意的辦法。

232 / 第三次世界大戰會怎麼打？

我不知道；

但是我很確定第四次世界大戰會怎麼打——

用棍子和石頭。

233／人類文明的恥辱（戰爭）應該立刻從世界上消失。

英雄主義掛帥，
殘忍又沒人性，
把國家之愛貶低到可悲的地步，
這種種都讓我恨之入骨。

戰爭眞是既卑劣又缺德，
我寧可被碎屍萬段，
也不願參與其中。

234／我始終相信，

以戰爭之名殺人並不能合理化什麼，

一樣還是殺人而已。

235 / 暴力無法帶來和平，

唯有透過相互了解才能獲得和平。

236／軍火工業絕對是讓人類走回頭路的罪魁禍首，
它是隱形的惡勢力。

237／戰爭並非參賽者乖乖遵守規則的紙牌遊戲。

當人命關天的時候，
規則和責任不過是狗屁。

238/但願有朝一日，
人類的良知和常識可以覺醒，
我們的國家可以進步到新的階段。

到那時候，
回顧戰爭，
人們應該百思不解先人怎麼會鑄下如此大錯。

239/我們可以選擇和平途徑，
也可以繼續走這條殘忍暴力的老路，
貶低我們的文明，
決定權都在我們手上。

一方面，
個人自由與社會安全呼喚著我們；
另一方面，
我們可能面臨淪為奴役、文明毀於一旦的威脅。

人類的命運操之在己。

240／人類不會一步一步地裁減軍武；
　　要不是一次廢除軍備，
　　就是繼續我行我素。

241 / 在被徵召服役的人中，
即使只有百分之二的人宣告拒絕打仗，
政府就會無法可施，
因為他們也不敢把那麼多人送進監獄。

242／談到這話題，
我就忍不住聯想到，
把人當成牛羊畜養的的兵役制度，
我對此制度厭惡至極。

如果一個人能興高采烈地隨著軍樂隊，
在四列縱隊裡大步前進，
那麼我真是瞧不起這種人。

他根本不配生有大腦，
光是有一條沒有脊椎保護的脊髓，
就可以滿足他的生活所需了。

243／如果全世界男男女女的工人，
　　　都決定不再製造、運輸軍火，
　　　那麼戰爭就會從此消聲匿跡。

　　我們一定要這麼做，
　　用畢生的力量枯竭戰爭的淵藪：
　　軍火工廠。

244 / 原子能的發現沒有創造出新的問題，

它只是讓我們得更迫切地解決現有的問題。

然而未來戰爭的嚴重性卻就此改變了。

245 / 戰爭永遠是非人性的，
它必須廢止。

第九章　談藝術與音樂
On Art and Music

246／我覺得電影、舞臺劇就像笑話一樣，
有異曲同工之妙。

我認爲它們都不該帶有邏輯架構的氣息，
而該充斥生命迷人的橋段，
好讓觀眾從不同的角度看出它繽紛閃耀之處。

如果有人不喜歡這種籠統式的感動，
就去算數學吧。

247 / 我不在乎音樂有沒有邏輯。

我不以任何理論、全憑直覺地去感受音樂的整體。

248／**談理查‧史特勞斯**

天資出眾，

卻不實在。

249 / 談貝多芬

我認為太過戲劇化，

也太個人私密性了。

250 / 韓德爾很不錯，
甚至可以說完美無瑕——
但是就某種程度而言，
他還滿膚淺的。

251 / 真正的藝術是發自有創意的藝術家心中，
那份無法抗拒的衝動。

我可以在布洛赫和一些晚期音樂家的作品中，
感受到這種衝動。

252／談到巴哈的畢生作品，

我得說：

聆聽、演奏、熱愛、尊崇——

還有閉上你的嘴。

253 / 談布拉姆斯

對我而言，

他大部分的作品都欠缺真誠，

少了些說服力。

我不懂他為何非寫不可。

254 / 我欣賞華格納的創造力，
但是我認為缺乏結構性是他的一大敗筆。

不僅如此，
他的音樂令我作嘔到難以言述的地步，
所以我通常只能咬著牙把他的音樂聽過去。

255/談舒曼

小品優美迷人。

256 / 談孟德爾頌

天賦優異，
但是欠缺深度，
難免顯得陳腐。

257／高層次的文化宛如精緻嬌貴的植物。

258 / 人必須投注所有的心力，

方能專精，

托斯卡尼尼用生命澈底展現出這一點。

259 / 談蕭伯納

他的作品含有微妙的幽默感，

且品味高雅，

以非關個人的藝術形態讓人重新檢視自我，

但是只有少數族群能領略其中奧妙。

今天，

我真心誠意地向這位頂尖大師致敬，

謝謝他取悅、同時也教育了我們大家。

260／如果我不是物理學家，
大概會當音樂家。

我常常用音樂思考，
用音樂做白日夢，
用音樂觀察我的人生……
我人生中大部分的喜樂都來自音樂。

261/音樂並不會影響研究，

這兩者都受到同樣熱切的心所滋養，

兩者的成果也相得益彰。

262／一朵花很美，

一大叢花反而顯得鄙俗。

263／若能藉由天馬行空的想像力作畫，
我也多少算是個藝術家。

第十章　談倫理與道德
On Ethics and Morality

$$\vec{a} = grad(A) = (F_x'(A), F'y(A), F_z'(A))$$

$$Y_{iм} = Y + b \cdot k_2$$

$$\Delta A = \begin{vmatrix} \dfrac{\partial^2 F}{\partial x^2}(A), \dfrac{\partial^2 f}{\partial x \partial y}(A) \\ \dfrac{\partial^2 E}{\partial y \partial x}, \dfrac{\partial F}{\partial y^2}(A) \end{vmatrix}$$

$$X_1 = \begin{pmatrix} 2p \\ -p \\ 0 \end{pmatrix}$$

$$C = \begin{pmatrix} 0, 1 \\ 1, 0 \end{pmatrix}$$

$$G \cdot \xi[x, y, z] \in E_3, [x, y] \in M, 0 \le z = f(x, y)$$

$$\dfrac{\sin x}{x} \le \dfrac{x_1 - 1}{\mathcal{B}(x) - 1}$$

$$D \xi \in (\infty; 0) \cup (0, 1)$$

$$\int_a^{x+2} xy\,dy\,|dx \quad \dfrac{2x}{x^2 + 2y^2} = 2\sum_{i=1}^n |p_i(x_i) - y_i|$$

$$f_{(x)} \ge 0 \qquad \delta(f, D, V) = \|D\| =$$

$$= P_1 + P_2 + P_3$$

$$\int_1^2 \int_a^{x+2} xy\,dy\,|d$$

$$m_i = |(x_i) \Delta x_i \Delta y_i \Delta z_i$$

$$\dfrac{\partial f}{\partial x_i}(A) = K_i \qquad x^b x^2 + y^3 z^3 + xyz - C = 0 \quad \dfrac{x^2}{a^2} + \dfrac{y^2}{b^2} + \dfrac{z^2}{C^2} = 0$$

$$P_o = \dfrac{\sqrt{1000}}{3\sqrt{\pi}} = \dfrac{10}{\sqrt{\pi}} \approx 7 \qquad \dfrac{x}{16} - \dfrac{y^2}{9} = 1 \qquad X \in \mathbb{R}$$

$$y = \sqrt[3]{x+1}, \quad x = \cos \xi$$

$$\Delta(A_2) = \begin{vmatrix} 0 & 2\sqrt{2} \\ 2\sqrt{2} & 0 \end{vmatrix}$$

$$X \equiv 1 \atop Y \equiv 1 \Big\} \in M°$$

$$dx \qquad J(P_1) = \sqrt{0.14}$$

$$\dfrac{\partial z}{\partial x} = 2; \dfrac{\partial z}{\partial y} = 0 \qquad \int R(x, \sqrt[5]{\dfrac{ax+b}{cx+d}})dx$$

$$x^2 y^2 + z^2 = 76$$

$$\dfrac{x^2}{16} + \dfrac{y^2}{8}$$

$$\dfrac{y^2}{8} \le 1$$

$$\in C \qquad e^2 - xyz = e, \; A[0, e, 1] \qquad \alpha, \beta, \gamma \in C$$

$$= f(x, y) \Big\} \qquad \left(\dfrac{\partial y}{\partial x}, \dfrac{\partial \varphi}{\partial y}\right) = (U, V) \quad A = [1, 0; 3]$$

264／像我這種人，

把道德視爲人類社會特有的產物，

這也是人類所居住的地球上最重要的元素。

265 / 道德的重要性毋庸置疑──
　　　但是只有人類需要在乎，
　　　上帝不必。

266/ 我不相信永生，

我也認為倫理是人類本身所訂定的規範，

背後並沒有超自然的更高權威。

267 / 道德是人類價值觀的基礎，
這是摩西最了不起的成就。

相較之下，
看看今天的人們吧！

268／倫理規範是探討道德價值的科學，

但是這門科學卻探求不到道德的眞理。

269／如果想要促進人類的健康、延續地球萬物的生命，
　　　沒有比吃素更有效的方法。

270／野心和責任感不能造就真正有價值的作品；
只有對人類、對事物的熱情和專注，
才會開花結果。

271 / 道德的根基不該建立在神話或是任何權威之上，
否則一旦有人質疑神話或是挑戰權威的正當性，
根基就會遭到破壞，
並左右人類的評斷和行為。

272/不要以幾世紀來的那幾個偉人為傲，
他們只不過和你出生在同一個地球上而已——
你別想沾光。

你反而應該省思人類當時怎麼對待他們，
而你是否遵循他們的教誨。

273 / 每一個人都只是所謂「宇宙」這個整體概念的一部分，
其時間和空間都是有限的。

我們的經驗、想法和感覺往往和這個世界脫節，
只生活在自我意識所看到的假象中。

這個假象就像一座監獄，
把我們侷限在個人的欲望、對周遭少數親友的情愛中。

我們必須讓自己從這座監獄裡獲得解放，
擴大關懷、擁抱萬物，
並體認大自然的純美……
我們應該要澈底改變思維模式，
如此一來，
人類才能永續生存下去。

274/ 爲了服務眾生，

犧牲小我是一種優雅。

275 / 舒適與快樂從不是我的目標，
這些只是養豬戶的倫理標準。

276／人類必須努力把道德實踐在一舉一動中。

我們內心的平衡與否，
甚至我們的存在都與這件事息息相關。

唯有把道德實踐在生活中，
才能讓生命具有美感與尊嚴。

277 / 我們始終無法脫離韋伯倫所說，
人類發展過程中的「掠食者階段」。

278/ 文明社會中，

人類的命運和其道德感相互依存，

而且這現象越來越明顯。

279／人類往往把累積財產、外在的成功，
　　　與奢華的生活當成努力的目標，
　　　但我從很年輕的時候就不齒這種觀念。

280 / 心靈純淨的人可以看見純美，
豬卻只能在其中看到餿水。

281/無聲無息地為非作歹，

也比唯恐天下不知的鋪張行善來得好。

282／我們日復一日地做事，
　　　卻常常不知道原因何在。

283 ／ 人性遠比國籍更重要。

關於愛因斯坦

亞伯・愛因斯坦於一八七九年三月十四日出生在德國的烏姆（Ulm），兒時住過慕尼黑和米蘭，一九○○年畢業於蘇黎世聯邦理工學院（Federal Institute of Technology in Zurich）。他從很年輕的時候就反對德國的軍事和政治觀點，一九○一年成爲瑞士公民。畢業之後，他在瑞士專利局（Swiss Patent Office）找到工作，並繼續在蘇黎士大學（University of Zurich）攻讀理論物理的博士學位，並於一九○五年畢業。

物理學家和學者都稱一九○五是他的「奇蹟年」，因爲他在物理期刊（Annals of Physics）上發表了多篇文章，分別關於光量子說、布朗運動、特殊相對論（無重力的相對論）、以及慣性等。他在一篇短篇研究〈輻射是否能克服慣性〉（Does Radiation Convey Inertia?）中，甚至不經意地提到他鼎鼎大名的公式：$E = mc^2$（能量等於質量乘以光速的平方），也就是相對論的基礎。

一九一二年，他在布拉格的德國大學（German University in Prague）任教，一九一三年就揚名國際，獲得普魯士科學院（Prussian Academy of Science）的邀請，擔任理論物理學方面的執行長。一九一六年，他發

表了《廣義相對論》（General Theory of Relativity），
文中提出有質量的物體移動速度不會超過光速，質量
與能量成正比，並將重力歸因於時空連續體的曲率。
一九二一年，他因為光電效應方面的研究卓越，獲得諾
貝爾物理獎。

愛因斯坦企圖以原子的層次找尋適用於宇宙的理
論，堅持他的理論和數學公式單純且具有美感，因為這
是他在萬物中所看到的共同特質──也就是上帝的最終
概念。他是現代的量子物理學之父，但是他的論調與其
他物理學家在量子力學上有很大的衝突。許多物理學家
認為萬物都起源於原子的毀滅與創造，因此無法精確地
界定、推測；他們反對古典力學以數學公式解釋、推算
一切，這讓愛因斯坦無法苟同。

一九二〇年，愛因斯坦認識了物理學家波耳（Niels
Bohr），與他分享討論了物理和哲學的觀點，從此便展
開了兩人長達一生的論戰。兩人爭執不休的，就是量子
力學是否足以解釋各種宇宙現象。最後，愛因斯坦說了
一句話作結，那就是「上帝不會跟宇宙玩骰子」。

一九三四年，希特勒崛起，愛因斯坦又從德國移
居美國，在普林斯頓高等學院做研究，並於一九四〇年
成為美國公民。

　　諷刺的是，儘管他提倡和平，他早期的研究卻證明了發展原子武器的可能性。他擔心希特勒主義橫行，唯恐納粹搶先研發出原子彈，因此一九三九年在美國物理學家史濟拉（Leo Szilard）和泰勒（Edward Teller）擬好的信件上簽名，上呈給羅斯福總統，信中闡述了研發武器的必要性，以防止德國威脅世界。雖然他從未直接涉入核武研發，但是他的支持卻導致美國加入軍備競賽、推動了曼哈頓計畫，最後研發出原子彈。

　　愛因斯坦畢生致力以量子物理學解釋宇宙萬物的生成，他相信唯有如此，理論才能完備。一般的科學研究都顯示愛因斯坦似乎走偏了，不過隨著時代更迭，學界的觀念也正在逐漸改變。一九七九年，在紀念愛因斯坦百歲冥誕的耶路撒冷研討會上，量子物理學家狄拉克（Paul Dirac）曾說：「以長遠的眼光來看，我覺得愛因斯坦很可能才是對的。」科學界對次原子的鑽研越來越深入，新的數據和理論都再再證明愛因斯坦當初侃侃而談的論調。

　　他一生熱愛數學、科學，為了和平、理性奮鬥，充滿人道關懷。一九五五年四月十五日，死於紐澤西州的普林斯頓。